ESSAI HISTORIQUE

SUR

LA LITHOGRAPHIE.

DIJON, FRANTIN, IMPRIMEUR DU ROI.

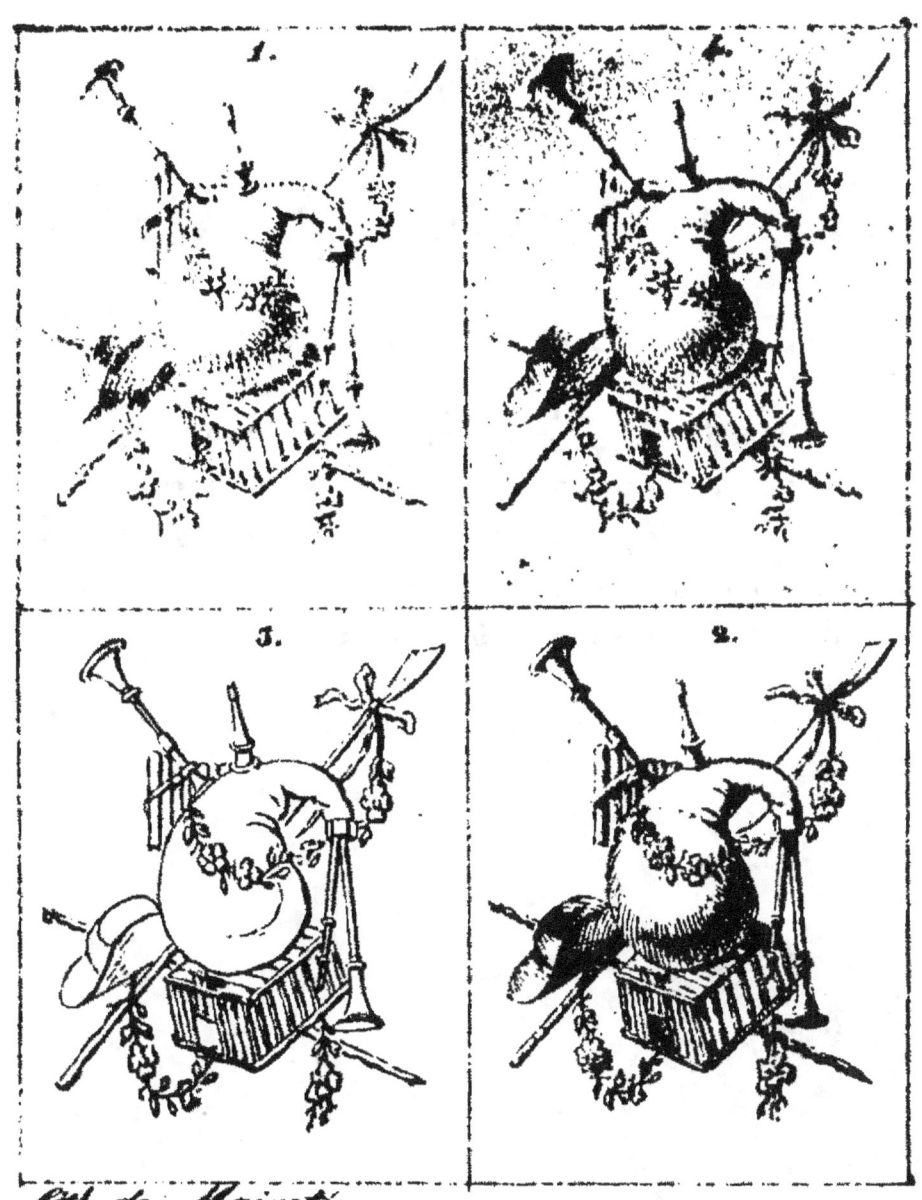

Lith. de Mairet.

ESSAI HISTORIQUE

SUR

LA LITHOGRAPHIE,

RENFERMANT,

1.° L'histoire de cette découverte ; 2.° une Notice bibliographique des ouvrages qui ont paru sur la Lithographie ; et 3.° une Notice chronologique des différens genres de gravures qui ont plus ou moins de rapport avec la Lithographie.

PAR G. P.

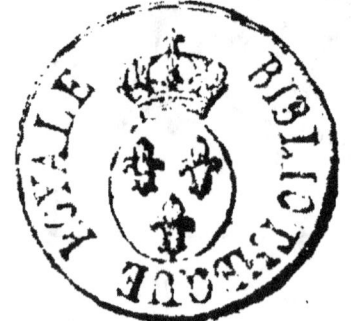

PARIS.

A. A. RENOUARD, rue Saint-André-des-Arcs, N.° 55.

M. DCCC XIX.

PRÉLIMINAIRE.

De la nécessité de recueillir les découvertes importantes.

L'HISTOIRE des Découvertes en général, est sans contredit l'une des branches les plus curieuses et les plus intéressantes des connoissances humaines; en effet, elle formeroit l'histoire la plus certaine et la plus complette des progrès de la civilisation, s'il étoit possible de déterminer d'une manière précise quand et comment la Société s'est enrichie successivement de toutes les inventions nécessaires, utiles et agréables, qui l'ont portée au point de splendeur où nous la voyons; mais malheureusement nous avons à regretter qu'avant la découverte de l'imprimerie, la difficulté des communications entre les Savans, nous ait privés d'une foule de renseignemens positifs sur l'origine de chaque découverte. C'est en vain que l'on demanderoit à l'Histoire le nom et la date de l'existence des inventeurs de la charrue, de la navigation, de l'écriture, du dessin, de la peinture, etc. (1); la Fable s'est chargée de nous répondre; et peut-on compter sur ses chimères agréables, qui ont bien pour base la vérité, mais la vérité obscurcie par tous les prestiges de l'imagination? Si nous passons au moyen âge, nous ne trouvons plus les inventions à demi cachées sous le voile ingénieux de la Fable; mais elles sont tellement enveloppées de ténèbres, qu'il est impossible d'en découvrir l'origine. A qui devons-nous la boussole, le papier, la poudre à canon, les armes à feu, les horloges à rouages, etc. (2)? On

---

(1) Que l'on cherche dans la nuit des temps l'inventeur de la charrue? on trouvera une Cérès, un Triptolême, êtres purement allégoriques. L'invention de la navigation est attribuée à Osiris ou à Jason; celle de l'écriture à Thaït ou Thot, secrétaire de Mesraïm en Egypte; celle du dessin et de la peinture, à une jeune Sycionienne, nommée Dibutade; et celle de la sculpture, au père de Dibutade; etc. etc..... On avouera que tous ces noms appartiennent à la Fable, et ne laissent à l'esprit que des idées très vagues sur le temps où les inventions en question ont pu avoir lieu.

(2) L'invention de la boussole est attribuée par les uns à Marc Paul, vénitien, en 1260; par les autres, à un nommé Flavio Gioja, napolitain, en 1302; enfin, quelques-uns prétendent que les Chinois en

cherche à tâtons, dans ces siècles obscurs, non-seulement le nom des inventeurs, mais même l'époque où l'on a commencé à faire usage de ces différens objets ; et qu'a-t-on saisi ? de simples conjectures. L'imprimerie elle-même, dont le berceau n'est pas très éloigné de nous, est encore, malgré des recherches profondes, un objet de discussion parmi les Savans. Sans parler de la fable de L. Coster, si habilement soutenue par Meer-

---

faisoient usage 1120 ans avant Jésus-Christ. Un Suédois a publié à Upsal, en 1699, un Traité *De Pixide magneticâ, seu ut vocant, Compasso nautico* ; il prétend que les anciens Suédois ont eu quelque connoissance de la boussole. M. Azuni a donné une *Dissertation sur l'origine de la Boussole*. Paris, 1809, in-8.° M. Hager est auteur d'un *Memoria sulla Bussola orientale*. Pavie et Paris, 1809, in-fol., *fig.* Il attribue l'honneur de l'invention aux Chinois.

Quant à l'invention du papier, outre ce que j'en dirai dans la troisième partie du présent Opuscule, je renvoie le lecteur à mon *Histoire du parchemin et du vélin*, Paris, 1812, in-8.°, pag. 5, où j'ai cité les ouvrages de Meermann, de Breitkopf, de Ludwig, de Hering, de Wehrs, et d'autres qui ont rapport à l'origine du papier.

L'époque de l'invention de la poudre à canon et

mann, et si justement appréciée par les Savans, convenons qu'il est impossible de déterminer l'époque précise des premiers essais de Gutenberg, soit en planches de bois sculptées, soit en lettres isolées, percées et enfilées par lignes, soit en caractères de fonte. Quel est le premier livre qui a fait gémir la presse ? nous l'ignorons. On découvre bien par-ci par-là quelques lambeaux

---

des armes à feu, est aussi incertaine que celle des découvertes précédentes. Est-ce le Cordelier Berthold Schwarts, qui découvrit la poudre en 1300 ou 1330; ou bien est-ce le Cordelier Roger Bacon ? M. le Baron de Bielfeld, dans ses *Progrès des Allemands dans les sciences*, etc. 1756, pag. 40, est persuadé que Schwarts est non-seulement l'inventeur de la poudre à canon, mais qu'il a déterminé la forme et les proportions des pièces d'artillerie.

Les horloges à rouages remontent, selon les uns, au VIII.e siècle; d'autres en attribuent l'invention à Pacificus, archidiacre de Vérone, en 846; quelques-uns à Gerbert d'Aurillac, en 996; la première qu'on vit à Londres est du bénédictin anglais Walingford, mort en 1325; enfin, peu après, Jacques Dondis en fit paroître une à Padoue, qui étoit très compliquée. Mais qui est l'inventeur ? Incertitude et obscurité pour cette découverte comme pour toutes celles de ces temps obscurs.

PRÉLIMINAIRE. 9

de très anciennes productions typographiques qui semblent toucher au berceau de l'imprimerie (1), mais ces lambeaux ne nous présentent aucune donnée certaine, et rien n'est plus vague, malgré les pièces du procès de Gutenberg (2), que l'histoire de ses premiers essais depuis 1436 jusqu'à 1445 et même 1450.

Il en est à-peu-près de même de toutes les découvertes importantes qui ont précédé le quinzième siècle : toujours même

---

(1) Le Savant qui a fait les découvertes les plus curieuses à cet égard, est M. Fischer, quand il étoit bibliothécaire à Mayence. Voyez son *Essai sur les Monumens typographiques de Jean Gutenberg, mayençais, inventeur de l'imprimerie ; par Gotthelf Fischer*, Mayence, an X, *in-4.°, fig.*, et la *Notice du premier Monument typographique en caractères mobiles, avec date, connu jusqu'à ce jour, découvert dans les Archives de Mayence, et déposé à la Bibliothèque nationale de Paris, par G. Fischer*. Mayence, 1804. *In-4.°* Ce monument est un fragment d'annuaire ou d'almanach de 1457, qui a dû être imprimé en 1456.

(2) Voyez *Essai d'Annales de la vie de Jean Gutenberg, inventeur de la Typographie, par Jérémie-Jacques Oberlin*. Strasbourg, an IX de la République (1801), *in-8.°*

incertitude et souvent ignorance absolue, malgré les ouvrages que l'on a publiés à ce sujet (1). Que conclure de-là ? Que si cette

---

(1) Les principaux sont les suivans : *Polydori Vergilii, de inventoribus rerum libri* VIII, *et de Prodigiis libri* III. Amstelod., Elzevir., 1671, *pet. in*-12; ou *Leyde*, 1644, *pet. in*-12. Il y a une traduction française d'un anonyme. *Lyon*, 1576, *in*-16; et une autre de Belleforest, 1582, *in*-8.°

De rerum inventoribus scriptores varii. Genevæ, 1604. *in*-12.

Joh. Matthaei Libellus de rerum inventoribus. Hamburgi, 1613, *in*-8.°

Guidonis Panciroli Res memorabiles deperditae, cum comm. Henrici Salmuth. Francofurti, 1646, *in*-4.°

Georgii Paschii de novis inventis tractatus. Lipsiæ, 1700, *in*-4.°

Dictionnaire des origines ou époques des Inventions utiles, des Découvertes importantes, etc. (*par Dorigny*). Paris, Bastien, 1777. 6 *vol. pet. in*-8.°

Dictionnaire des Origines, Découvertes, Inventions et Etablissemens; ou Tableau historique de tout ce qui a rapport aux Sciences et aux Arts. (*par MM. Sabatier et Préfort*). Paris, Moutard, 1777, 3 *vol. in*-8.° Ce dernier ouvrage nous a paru préférable au précédent. Les principaux articles y sont mieux rédigés et plus détaillés.

Dictionnaire des Mœurs, Usages et Coutumes

ignorance et cette incertitude sont un malheur à-peu-près irréparable pour le passé, on ne peut trop s'empresser d'y remédier pour l'avenir. L'histoire des Découvertes est à la Société ce que les généalogies sont à chaque famille ; ne laissons donc pas perdre des titres aussi précieux, et méritons la reconnoissance de nos petits-neveux, en leur conservant le détail des inventions utiles dont ils recueilleront les fruits.

Ce n'est pas que depuis un certain nombre d'années, les Gouvernemens ne se soient empressés d'encourager et d'honorer par des priviléges, des brevets d'invention, et des expositions des produits de l'industrie,

---

des Français, contenant les Etablissemens, Fondations, Epoques, etc. (*Par A. Lachesnaye des Bois*). Paris, Vincent, 1767. 3 *vol. pet. in*-8.° Beaucoup de découvertes sont mentionnées dans cet ouvrage ; mais tout y est vague, et manque de critique.

Origine des Découvertes attribuées aux Modernes, etc. ; *par M. Dutens*. Paris, veuve Duchesne, 1766, 2 *vol. in*-8.°—2.ᵉ édition. Paris, veuve Duchesne, 1776, 2 *vol. in*-8.°—3.ᵉ édition. *Paris, G. Dufour*, 1821, 2 *vol. in*-8.° Cet ouvrage est plein d'érudition, et d'une critique saine ; mais il ne fixe pas plus que les autres, l'époque des découvertes dont il parle.

les hommes de génie et les artistes qui ont fait des découvertes utiles ; ce n'est pas non plus qu'il nous manque des recueils où l'on consigne et ces découvertes, et le nom des inventeurs (1) ; mais outre que ces découvertes sont bien éloignées de présenter toutes le même degré d'intérêt (2), il faut remarquer que leur annonce et même les brevets

---

(1) Nous ne citerons que les recueils suivans : *Annales des Arts et Manufactures*, par MM. O'Reilly, Barbier de Vemars, etc. *Paris*, 1799—1813, 50 *vol. in-*8.°

Archives des découvertes et des inventions nouvelles faites dans les Sciences, les Arts et les Manufactures, etc. Paris, Treuttel et Wurtz, 1808—1818, 10 *vol. in*-8.°

Description des Machines et Procédés spécifiés dans les Brevets d'invention, de perfectionnement et d'importation, dont la durée est expirée; publiée d'après les ordres du Ministre de l'intérieur, par M. Christian, Directeur du Conservatoire des Arts et Métiers. Paris, Mme Huzard, 18.. et 1818, 2 *vol. in*-4.°, *fig.*

(2) Par exemple, il est certain que la machine découverte par M. Pelletier, en 1796, pour fabriquer soixante mille allumettes à l'heure, ne présente pas un aussi grand intérêt que la machine découverte par M. Leistenschneider, vers 1810, pour fabriquer du

d'invention ou priviléges qui en autorisent la propriété exclusive, ne renferment pas tous les détails que l'Histoire peut désirer, surtout lorsque l'invention est, par son importance, digne d'une attention toute particulière. Les descriptions que l'on en donne d'abord, sont ordinairement incomplettes ou trop succinctes. Une découverte de cette nature, c'est-à-dire, qui est marquée au coin de l'utilité générale, et qui doit faire époque, entre nécessairement alors dans le domaine de l'Histoire, dont le devoir est

---

papier sans le secours des quatre principaux ouvriers qui jusqu'alors étoient nécessaires à sa fabrication. J'ai vu cette dernière machine opérer. Le papier se fait de lui-même par le moyen d'une seule roue qui met tout en mouvement. La pâte est continuellement agitée dans la cuve ou réservoir qui est élevé à l'une des extrémités de la machine ; il n'en sort que la quantité nécessaire pour aller former successivement les feuilles sur un cylindre garni de toile métallique qui est à l'autre extrémité de la machine, et qui dépose chaque feuille sur une planchette qui est dessous ; lorsqu'il y a suffisamment de feuilles pour faire à peu près une demi-rame, une clochette sonnant par suite d'un mécanisme secret, avertit un

d'exposer, aux yeux de la postérité, un objet ou plutôt un fait qui annonce que le génie de l'homme a fait un pas de plus pour le bien ou pour l'agrément de la Société. Il est donc à propos que de pareilles découvertes, après qu'elles ont atteint un certain degré de perfection, soient publiées séparément et tirées de la foule de ces inventions communes, que l'on peut comparer aux petits ruisseaux, qui sont utiles sans doute, mais qui ne fixent pas les regards comme ces fleuves majestueux répandant au loin l'abondance et faisant fleurir le commerce

---

enfant de venir débarrasser la planchette où les feuilles se sont entassées très régulièrement ; et il n'y a aucune interruption dans le travail de la machine, qui continue à faire une nouvelle demi-rame. On pourroit faire du papier d'une grandeur indéterminée avec cette machine.

Il faut consulter sur cette découverte, les *Rapports lus à l'Académie des sciences, etc. de Dijon, dans ses séances particulières des 3 juillet 1811, et 19 mai 1813.* Dijon, 1815, *in-8.°* de 32 pages. Le brevet d'invention a été délivré à l'auteur le 13 janvier 1814. L'Académie de Dijon en a fait les frais.

dans les nombreuses contrées qu'ils arrosent.

Ces réflexions que m'a suggérées l'invention de la Lithographie, dont les progrès vont toujours croissant, m'ont déterminé à recueillir tout ce qui m'a paru de plus intéressant dans ce que l'on a publié séparément sur l'histoire de cette découverte ; découverte d'autant plus importante, qu'elle tient à l'imprimerie, à l'écriture, au dessin, à tous les genres de gravures, à la musique, etc., et qu'elle offre les moyens de simplifier et d'abréger les procédés de chacun de ces arts. J'ai puisé mes renseignemens dans quelques ouvrages spéciaux, dans les journaux et dans quelques entretiens avec des personnes auxquelles ce nouvel art est familier. J'ai divisé ce petit travail en trois parties : la première traite de la découverte de la Lithographie sous le rapport historique ; la seconde consiste dans la liste raisonnée des ouvrages ou fragmens d'ouvrages qui ont paru sur la Lithographie ; et la troisième présente une notice chronologique abrégée de la découverte des différens genres de gravures. S'il m'est échappé des erreurs, ou si j'ai fait quelques omissions, je prie le lecteur de vouloir bien me les indiquer; je m'empresserai de rectifier tout ce qui peut se trouver de défectueux, afin de rendre cet Essai, tracé d'abord un peu à la hâte, plus digne, par la suite, de l'attention et de la bienveillance des amateurs.

ESSAI HISTORIQUE SUR LA LITHOGRAPHIE.

PREMIÈRE PARTIE.

Précis sur la découverte et les progrès de la Lithographie.

Le mot LITHOGRAPHIE est composé du grec *lithos*, pierre, et *graphô*, je décris ; on appeloit et l'on appelle encore ainsi une partie de l'Histoire naturelle qui a pour objet la description des pierres. Mais depuis qu'on a découvert l'art de graver ou dessiner sur pierre, on a donné une seconde acception au mot LITHOGRAPHIE, en s'en servant pour désigner ce nouvel art. Peut-être eût-il été plus convenable de lui donner le nom de *Lithoglyptique*, du mot *lithos*, pierre, et *gluphé*, gravure ; ou d'adopter celui de *Polyautographie*, dont se servent les Anglais, et qui signifie art donnant un grand nombre de dessins *autographes*, c'est-à-dire, de dessins de la main de l'auteur ? Au reste, peu importe la dénomination, pourvu que la chose soit bonne, utile, et que l'histoire de sa découverte présente quelque intérêt. Voyons quand et comment elle a eu lieu.

M. Aloïse Sennfelder, né à Prague en Bohême, chanteur des chœurs du théâtre de Munich, observa le premier la propriété qu'ont les pierres calcaires de retenir des traits formés par une encre grasse, et de les transmettre dans toute leur pureté au papier appliqué fortement à leur superficie. Quelques-uns prétendent que M. Sennfelder doit la première idée de cette découverte à un botaniste qui gravoit ainsi des figures de plantes; mais cela n'est point avéré, et il passe généralement pour l'inventeur de la Lithographie. Il obtint, en 1800, du Roi de Bavière (alors électeur) un privilège exclusif pour l'exercice de son nouveau procédé pendant l'espace de treize ans. L'ayant cédé à ses frères, il porta, en 1802, son invention à Vienne en Autriche, et obtint de l'Empereur, un nouveau privilège pour dix ans, qu'il ne tarda pas à céder à MM. Steiner et Krasnitzki, qui ont toujours continué à Vienne cette entreprise, soutenus par le Conseiller de régence Startl de Luchsenstein. L'inconstance de M. Sennfelder le ramena bientôt à Munich, où il forma un établissement lithographique avec M. le baron d'Arétin. Cet établissement s'est toujours soutenu depuis; mais on en a formé d'autres dans la même ville de Munich: l'un où l'on grave les cartes du cadastre de la Bavière, l'autre établi à l'école gratuite de dessin. Celui-ci est destiné à multiplier les modèles dans cette école. On prétend que M. Mitterer, professeur et directeur de la même école, est inventeur de la gravure au crayon sur pierre; ensuite MM. Manlich et d'Arétin formèrent à Munich un nouvel établissement destiné à copier les dessins des grands maîtres qui se trouvent dans la collection du Roi de Bavière.

En 1801, on fit quelques essais de Lithographie à Stuttgard; mais ils furent si foibles, qu'en 1808 on n'avoit encore exécuté que cinq ou six planches. Depuis on y a perfectionné différens genres. Le graveur Charles Strohofer est un de ceux qui ont fait le plus grand nombre d'essais heureux dans le Wurtemberg; on lui attribue l'art de graver les dessins sur la pierre en creux, au moyen de la pointe et du burin. C'est à peu près dans le même temps que M. Cotta prit intérêt dans l'Imprimerie en pierre établie à Stuttgard.

Je trouve dans le *Journal de la littérature étrangère* de 1807, que la Lithographie a été introduite en Angleterre en 1801, où celui qui l'a fait connoître (je pense que c'est M. André d'Offenbach), a obtenu une patente exclusive. Cet art a pris le nom de *Polyautographie* chez les Anglais; plus bas il est dit que le propriétaire patenté est M. Wollwiler (sans doute l'associé de M. André), qui a publié (en 1807) un ouvrage intitulé: *Specimens of Polyautography*, qui renferme des empreintes de dessins faits par les premiers artistes d'Angleterre.

Ce qui me fait hazarder ces conjectures sur M. André et sur M. Wollwiler, c'est que dans le rapport fait à l'Académie des beaux arts, à Paris, sur la Lithographie, en janvier 1817, on dit que l'inventeur ayant fait connoître son procédé à MM. André frères d'Offenbach, ceux-ci s'empressèrent de le répandre, l'un en Angleterre, l'autre en France.

Celui-ci n'arriva à Paris qu'en 1807; il vendit son secret à quelques artistes. M. Choron fut le premier qui en eut connoissance. Il l'appliqua à la gravure de la musique. M. Guyot Desmarais ne s'en est occupé qu'après lui. M. Baltard acheta aussi ce procédé; mais l'un et l'autre n'ayant pas eu tous les renseignemens nécessaires sur la composition de l'encre et des crayons lithographiques, ne donnèrent pas beaucoup de suite à leurs essais.

M. Duplat, graveur en bois, fit une nouvelle application des principes lithographiques; au lieu du bois il se servit de la pierre, et parvint à la creuser non pas comme le bois, avec des outils tranchans, mais comme une planche que l'on prépare à l'eau-forte, et ensuite il fit de cette pierre une matrice, sur laquelle il coula et frappa une masse de métal fondu qui retint l'empreinte en creux. C'est à ce procédé que nous devons cette quantité innombrable de jolies vignettes que l'on prend encore aujourd'hui pour des vignettes en bois, mais qui sont plus délicates et plus agréables à la vue, et qui ne sont que le produit de la pierre et du métal. Il existe encore un procédé qui appartient à cette fabrication, et dont les résultats, quant au tirage, ne sont pas aussi heureux qu'on pourroit le désirer. Le voici : « La pierre se grave à l'eau-forte, mais de telle façon que c'est le relief qui donne l'empreinte, comme dans la gravure en bois. Si, de peur de la briser, on ne veut pas imprimer avec cette pierre, on en tire une empreinte ou matrice qui ne peut pas servir à l'impression, mais de laquelle on tire ensuite une nouvelle empreinte qui donne le même résultat que la pierre. Ces empreintes, en matière d'imprimerie, font à peu près l'office des gravures en bois, mais elles viennent bien plus difficilement au tirage ; les bien imprimer est une opération jusqu'à présent très difficile » ; et sans doute on y renoncera si l'on ne peut perfectionner le tirage (1).

En janvier 1810, M. Manlich de Munich fit hommage à la classe des beaux arts de l'Institut, d'une collection de gravures lithographiques, fort bien exécutées par MM. Strixner et Piloty, d'après les dessins originaux d'Albert Durer, de Michel-Ange, de Raphaël, tirés du cabinet du Roi de Bavière.

En octobre 1814, M. Thierch, helléniste bavarois, présenta à la même classe une collection de portraits des plus célèbres artistes d'Allemagne, dessinés par le même procédé. Ces ouvrages furent vus avec intérêt; mais M. Manlich ayant proposé au gouvernement de former en France un établissement lithographique, il ne put obtenir l'autorisation et les encouragemens qu'il demandoit.

Ce fut alors que M. Marcel de Serres, connu par

---

(1) Il y a beaucoup d'ouvrages où se trouvent des gravures exécutées d'après les procédés dont je viens de parler. Telles sont celles des *Fables de la Fontaine*, 2 vol. in-12, chez M. Renouard ; des *Lettres sur la Mythologie*, édition ordinaire, chez le même; de la *Bible de Royaumont*, chez M. Nicole ; du *Catéchisme de Fleury*, etc. etc. Je dois dire que l'exécution des vignettes me paroît supérieure à celle des gravures. Celle des vignettes qui décorent les *morceaux choisis de Buffon*, chez M. Renouard, est fort nette.

divers écrits sur les sciences naturelles, fut envoyé en Allemagne par le gouvernement. Il devoit y recueillir des notions utiles sur les arts et les manufactures de ce pays ; il s'y instruisit de tous les secrets de la Lithographie, et le résultat de ses observations a été publié dans les *Annales des arts et manufactures*, n°s. 51 et 52. M. Marcel de Serres donne à la Lithographie le nom *d'Imprimerie chimique*.

M. le comte de Lasteyrie, membre de la société d'encouragement, ayant reconnu les avantages que la Lithographie offroit aux arts et à l'industrie française, fit plusieurs voyages à Munich, afin d'en prendre une connoissance exacte et de se mettre en état de former un établissement à Paris ; il a même composé un traité, dans lequel il décrit les manières et les procédés lithographiques ; mais cet ouvrage et les essais de M. de Lasteyrie n'ont pas été rendus publics.

Enfin, M. Engelmann qui avoit un établissement lithographique à Mulhouse (Mulhausen) en Alsace, est venu à Paris, et y a également formé un atelier. Depuis 1816, il a publié, par livraisons, un ouvrage intitulé : *Porte-feuille géographique, ethnographique*, etc., dont les cartes et les figures sont exécutées d'après le procédé nouveau de la Lithographie : cet ouvrage se continue. M. Engelmann, depuis son établissement à Paris, a fait toutes sortes d'essais tant pour les différens genres de gravures lithographiques, que pour la perfection de la presse ; il a parfaitement réussi ; on en peut juger par les différentes productions qu'il a publiées : aussi allons-nous rapporter l'éloge qu'en ont fait MM. les Rédacteurs du rapport de l'Académie des Beaux-Arts publié en 1817. Après avoir donné des détails sur les améliorations dont M. Engelmann a enrichi cette découverte : « Quoique la Lithographie, disent-ils, tire son origine de l'Allemagne, c'est un Français qui vient nous faire jouir de tous les avantages de cet ingénieux procédé. M. Engelmann, soutenu par le seul amour des arts, possédant d'ailleurs tous les moyens que donnent l'intelligence, l'adresse, l'esprit d'invention, a de plus, dans le dessin et la peinture, des connoissances étendues, acquises sous la direction de l'un des restaurateurs de l'Ecole française, M. Regnault, qui a bien voulu joindre l'influence de ses propres lumières à celles de son élève, pour naturaliser en France la Lithographie. Toutefois il ne suffisoit pas d'offrir, dans les productions de cet art, des objets de pur agrément ; il falloit avant tout qu'elles eussent un but d'utilité. Telle a été l'intention que M. Engelmann a d'abord manifestée, et qu'il a déjà réalisée en publiant une suite de principes de dessin exécutés par les maîtres eux-mêmes, persuadé qu'on y trouverois en même temps un degré de correction et une liberté de faire, qui disparoissent souvent dans les copies qu'en offre la gravure. M. Engelmann a confié cette noble tâche à des artistes distingués dans différens genres, et il a multiplié par le procédé lithographique, plusieurs dessins de figures, par M. Regnault ; des études de chevaux de différentes races, par M. Carle Vernet ; des études d'arbres et de paysages, par M. Mongin, etc. » Ce recueil qui acquiert tous les jours plus de variété, de mérite et d'importance, a été soumis à l'Académie ; la Commission chargée d'en rendre compte a reconnu dans ces ouvrages à peu près toutes les qualités qui sont les attributs de la gravure, et de plus, toutes celles qui n'appartiennent qu'au dessin autographe, etc.

C'est en 1807 que la Lithographie pénétra en Italie, et ce fut M. Dalarmé, de Munich, qui y fonda les établissemens de Rome (1), de Venise et de Milan. Les journaux de novembre 1818 annoncent que M. Patrelli, à Naples, vient d'appliquer à la gravure de la musique les procédés de la Lithographie : de sorte que maintenant on peut multiplier promptement, et à peu de frais, les partitions que les copistes n'achevoient qu'avec beaucoup de lenteur et d'incorrection. En général, la Lithographie est actuellement pratiquée en grand en Russie, et il paroît qu'elle est en usage aux Etats-Unis d'Amérique.

Depuis deux ou trois ans, les gravures lithographiques se sont multipliées à l'infini, sur-tout dans le genre qui imite le crayon. On s'en sert également avec avantage pour des circulaires, des tableaux dans les administrations, et pour la gravure de la musique. C'est sur-tout depuis la fin de 1815, c'est-à-dire depuis le dernier séjour des troupes alliées en France,

---

(1) Cependant M. Millin qui en 1812 et 1813 étoit à Rome et y a vu beaucoup d'artistes et de savans, n'y a point entendu parler de Lithographie et n'y a vu aucun essai. Peut-être cet art y avoit-il été abandonné.

que l'art lithographique a reçu une plus grande impulsion dans nos contrées. Des artistes allemands versés dans cet art, et munis de presses, d'encre, de pierres, etc., étoient attachés aux chancelleries établies près des quartiers-généraux des armées alliées, et fournissoient à tout ce qui étoit exigé en écritures, en tableaux et en cartes, sous le rapport militaire, civil, administratif et diplomatique. Ils faisoient un mystère de leurs procédés; et lorsque, moyennant un certain prix convenu, ils consentoient à en faire part à quelque amateur, ils avoient l'attention de s'en tenir à des demi-aveux qui rendoient presque toujours inutiles ou au moins imparfaits les essais par lesquels on tâchoit d'imiter leurs productions. C'est ce que nous avons vu à Dijon. Le premier atelier lithographique formé dans cette ville, à cette époque, appartient à M. Berthaux-Durand, ingénieur-vérificateur du cadastre; c'est chez lui que logeoient et qu'avoient établi leur lithographie les artistes allemands attachés à la chancellerie autrichienne qui étoit à Dijon : le second établissement lithographique qui a été formé depuis dans la même ville, est dû à l'industrie et aux soins de M. Mairet, marchand papetier, relieur distingué, et éditeur de la *Notice lithographique* dont nous parlerons dans la suite.

Terminons par un mot sur les avantages de la Lithographie, et ensuite nous donnerons une petite liste des ouvrages ou fragmens publiés sur cet art.

Tout ce qui peut être du ressort de la Lithographie, c'est-à-dire de la gravure sur pierre, consiste dans les ouvrages suivans :

1.° L'imitation de la taille en bois ;

2.° L'imitation de la gravure au pointillé ;

3.° Les dessins (figures, académies, paysages, traits d'histoire, carricatures, etc.);

4.° Les ouvrages de musique ;

5.° Toutes les espèces d'écriture ;

6.° Cartes géographiques ;

7.° Tailles-douces.

Voici quels sont les avantages qui résultent de la manière d'imprimer ou de graver sur pierre, selon les meilleurs procédés. D'abord, la Lithographie a un caractère particulier ; elle ne peut pas être imitée par les autres imprimeries, et elle peut assez bien imiter les manières antérieures. Ensuite, sous le rapport de la célérité, elle l'emporte infiniment sur toutes les autres manières d'imprimer. Un dessin qu'un artiste ne peut pas achever dans l'espace de cinq à six jours sur le cuivre, peut être gravé sur la pierre dans un ou deux jours. Pendant que l'imprimeur en taille-douce imprimera six à sept cents exemplaires, l'imprimeur lithographique en pourra tirer dans le même espace de temps deux mille. La planche de cuivre sur laquelle on imprime, peut à peine fournir mille épreuves, et bientôt la gravure se détériore, tandis que sur la pierre on en peut faire facilement quelques mille, et la dernière épreuve est aussi belle que la première (1). On a essayé à Vienne

---

(1) Le *Journal des Débats* du 5 novembre 1818, parle

de tirer sur la pierre trente mille exemplaires du même dessin, sans que l'on s'aperçût d'une différence notable entre les derniers et les premiers. Le graveur de musique le plus exercé et le plus adroit peut à peine graver sur l'étain quatre pages de musique en un jour, pendant que le graveur en pierre pourra en faire le double dans le même temps ; ajoutez à cela la célérité du tirage. Enfin, il est reconnu que pour monter une imprimerie lithographique, il en coûte un tiers de moins que pour établir une imprimerie sur cuivre ou sur étain. Tels sont les principaux avantages de la Lithographie. Mais l'impartialité nous force à dire aussi que ses produits ont quelques désavantages sur ceux de la gravure ordinaire, désavantages que la perfection de l'art fera sans doute disparoître. Il est certain qu'il est très difficile de donner, soit aux caractères de l'impression, soit aux traits de la gravure, cette diversité de tons qui rend ces deux sortes d'ouvrages précieux à ceux qui recherchent la beauté dans tout. Dans les plus belles productions lithographiques, on admire

---

d'un Christ calqué au crayon lithographique sur une peinture de Michel-Ange, que viennent de publier MM. Gautherot et Vigneron. On dit que cette estampe est remarquable par la conduite du clair obscur, genre de mérite que jusqu'à présent on n'avoit pu obtenir au même degré par l'impression lithographique ; mais on ajoute qu'une pierre ainsi dessinée ne peut donner au-delà de trois cents contre-épreuves. Cela tiendroit donc à ce genre spécial de dessin ; car il est très certain que les dessins lithographiques ordinaires peuvent se tirer à plusieurs mille sans altération.

le dessin fait avec esprit, la chaleur de la composition qui n'a point été réfroidie par une lente transposition du papier sur la planche, le trait qui est souvent pur ; mais il est égal, en sorte que la gravure en est un peu grise et uniforme. C'est sur-tout en comparant ces gravures avec celles que les différens maîtres ont gravées eux-mêmes à l'eau-forte, qu'on en sent encore mieux la différence : ce même inconvénient se retrouve dans la musique ; l'égalité qui y règne rend aussi la musique moins lisible ; ce défaut est commun à la musique composée en caractères mobiles. Enfin, malgré ces désavantages, la Lithographie n'en est pas moins une découverte très importante pour les arts.

De la Pierre lithographique. Toutes les espèces de pierres à grain fin ne sont pas propres à lithographier ; celle qui jusqu'ici a paru réunir les qualités nécessaires, provient des carrières de Pappenheim en Allemagne. Comme le transport de ces pierres en France est très dispendieux, la Société d'encouragement de Paris, dans l'une de ses séances générales, a proposé deux prix, l'un de 600 fr., pour la découverte en France d'une carrière de l'espèce de pierre la plus propre à la Lithographie ; et l'autre de 1200 fr., pour la composition artificielle de pierres lithographiques. Le premier prix, dit le programme, sera décerné à celui qui trouvera en France cette espèce de pierre avec laquelle on puisse exécuter les différens travaux de la Lithographie, tels que ceux du crayon, de la plume et de la gravure en creux. Mais la Société exige que ces pierres soient tirées d'une carrière en exploitation, et qu'on puisse en livrer au commerce une quantité suffisante et à un prix modéré. L'étendue de ces pierres doit être de deux pieds carrés sur deux à trois pouces d'épaisseur. Le second prix sera pour celui qui enverra à la Société cinq ou six pierres factices, propres à remplacer dans la Lithographie la pierre de Pappenheim. L'une de ces pierres devra avoir au moins 2 pieds de long sur 18 pouces de large, et 2 pouces à 2 pouces et demi d'épaisseur.

S. Exc. le Ministre de l'intérieur a fait parvenir à MM. les Préfets, des échantillons de pierres d'Allemagne, afin que ceux qui s'occuperont de recherches de carrières en France, connoissent la nature de ces pierres; ces échantillons ne seront pas moins utiles à ceux qui voudront essayer de faire des pierres factices.

Voici les principales qualités distinctives des pierres à lithographier. Elles doivent, 1.° être aussi dures que celles de l'Allemagne; 2.° elles peuvent être d'une teinte légèrement colorée, mais peu sensible, afin que les effets qui résultent du dessin puissent se reproduire dans les tirages; 3.° leur nature doit être argillo-calcaire, d'une pâte homogène, sans trou, ni coquilles, ni taches, ni herborisations, d'un grain très fin et susceptible de prendre le poli du marbre; 4.° il faut qu'elles s'imbibent d'eau lorsqu'on les mouille, sans cependant l'absorber trop promptement, etc. etc.

Les journaux français ont fait mention en 1817, de découvertes de carrières en France, pouvant fournir des pierres lithographiques. On a cité des carrières d'Argenteuil, et des carrières en Bourgogne, près de Châtillon-sur-Seine ; c'est surtout à Courcelles, arrondissement de Châtillon, que les meilleures pierres ont été découvertes. Il y en a aussi près de Dijon.

Le 8 octobre 1817, le Roi a rendu une Ordonnance portant que « l'art de la Lithographie ayant reçu depuis une époque très récente, de nombreuses applications qui l'assimilent entièrement à l'impression en caractères mobiles et à celle en taille douce ; et que plusieurs établissemens de la même nature que les imprimeries ordinaires, s'étant formés pour la pratique de cet art.... 1.° Nul ne sera imprimeur-lithographe, s'il n'est breveté et assermenté. 2.° Toutes les impressions lithographiques seront soumises à la déclaration et au dépôt avant la publication, comme tous les ouvrages d'imprimerie. »

Passons à la liste des écrits qui ont paru sur cette découverte.

SECONDE PARTIE.

Notice des ouvrages ou fragmens d'ouvrages qui ont été publiés sur la Lithographie.

Comme la Lithographie sort à peine du berceau, et que dans le principe on faisoit une espèce de mystère de cette découverte ou au moins de ses procédés, il n'est pas surprenant qu'il ait paru peu d'ouvrages qui lui soient relatifs, et que la plus grande partie de ceux qui traitent de l'histoire ou des procédés de cet art, ne soient pour ainsi dire qu'une répétition de ce qui a été dit par ceux qui en ont parlé les premiers; c'est ce qui a été déjà prouvé par ce que nous avons exposé ci-dessus, et qui le sera encore davantage par la notice bibliographique qui va suivre. Nous avons recherché avec soin ce qui a été publié sur cet objet, en Angleterre, en Allemagne et en France, soit spécialement, soit dans les journaux; et comme notre devoir est d'indiquer succinctement et exactement ce que renferme chaque écrit, on s'apercevra facilement de ce que les auteurs ont emprunté les uns des autres.

Nous allons classer, autant qu'il sera possible, par ordre de dates, les écrits ou fragmens que nous avons pu découvrir.

M. Gotthelf-Fischer, ancien bibliothécaire de Mayence, résidant maintenant en Russie où il est à la tête du Musée de Moscou, est, je crois, le premier, ou du moins l'un des premiers qui aient décrit l'art de la Lithographie. Le morceau qu'il a publié en allemand à ce sujet, en 1804, est intitulé : *Ueber Poliautographie und steindruckerei* (sur la Poliautographie ou gravure sur pierre). Il est dans un recueil littéraire de Leipsick, nov. 1804. N'ayant point ce recueil sous les yeux, je ne puis qu'en indiquer le titre.

Notice sur la Polyautographie, ou l'art d'imprimer d'après la pierre, par B. Ker.

Cette notice se trouve dans le *Philosophical Magazine* du docteur Tilloch ; *Londres*, 1807. M. Ker y dit que la Lithographie découverte en Allemagne par Aloyse Sennfelder, a été introduite en Angleterre en 1801, et que celui qui l'a fait connoître a obtenu une patente exclusive. Cet art a pris chez les Anglais le nom de *Polyautographie*. L'auteur indique les procédés à employer ; puis il dit que l'un des grands avantages de la Lithographie est qu'au lieu de copie, comme dans la gravure ordinaire, on obtient une empreinte parfaite du dessin original. Il finit par annoncer que M. Wollwiler a publié un ouvrage intitulé : *Specimens of Polyautography*, qui renferme des empreintes de dessins faits par les plus habiles artistes de l'Angleterre ; et que l'art polyautographique a déjà fait de grands progrès en Allemagne, sur-tout à Nuremberg, Augsbourg, Francfort, Munich, Stuttgard, etc. ; qu'on s'en est servi jusqu'ici principalement pour les planches de botanique, mathématiques, etc.

L'Esprit des Journaux français et étrangers ; *Bruxelles, septemb. 1807. In-*12 (tome IX).

On a donné dans ce volume, pages 121-123, une courte *Notice sur la Polyautographie, découverte récente, ou l'art d'imprimer d'après la pierre.* Les premiers procédés y sont annoncés. Cette notice extraite du *Philosophical Magazine* du docteur Tilloch, à Londres, est à peu près la même que celle que nous avons citée plus haut. Il est également question de la Lithographie dans le Journal de M. Nicholson (février 1807). Tous les détails rapportés dans ces deux ouvrages périodiques n'ont rapport qu'à l'état de l'art encore au berceau. Il est aussi question dans l'article de l'*Esprit des Journaux*, de l'ouvrage déjà cité de M. *Wollwiler*, intitulé, *Specimens of Polyautography*.

Dans le tome IV du même *Esprit des Journaux* (avril 1808) pag. 129-133, il y a un article *sur l'art de graver sur pierre*. Les détails que l'on y trouve sont tirés du *Morgenblatt*, feuille dont l'éditeur, M. Cotta, vient, est-il dit, de s'intéresser à une entreprise de gravure sur pierre nouvellement établie à Stuttgard. On y parle des trois manières de procéder à cet art : la première qui consiste à tracer les dessins sur la pierre avec une encre composée à cet effet; la seconde qui regarde les dessins faits aux crayons chimiques, dont l'invention est due à M. Mitterer, professeur à Munich; et la troisième, qui est une véritable gravure sur pierre, consiste à travailler en creux sur cette matière par le moyen de la pointe et du burin. L'idée en fut portée à Stuttgard, au printemps de 1807, par M. Charles Strohofer, qui venoit de Munich avec la préparation des pierres. J'ignore si l'ouvrage que M. Cotta a annoncé dans l'article en question, a vu le jour : c'est une édition de luxe d'une chanson célèbre de Schiller (*Reiterslied*). Le titre et le texte devoient être gravés sur pierre avec le burin. Deux airs faits sur les paroles de cette chanson y auroient été écrits à la plume, et on y auroit joint une scène de Wallenstein dessinée au crayon par M. Séele, directeur de la galerie de Stuttgard. Ce petit volume de cinq feuilles *grand in-folio* auroit donc offert des échantillons de tous les procédés employés jusqu'alors dans l'impression ou la gravure en pierre.

Albrecht Durers christlich mythologische handzeichnungen, etc. (Dessins chrétiens-mythologiques d'Albert Durer, dont les originaux sont conservés dans la bibliothèque de Munich;) par M. Strixner, etc. *Munich, Sennfelder*, 1808; *gr. in-8°.*

On s'est servi pour graver ces dessins sur pierre, d'encres de différentes couleurs, telles que la noire, la rouge, la violette et la verte. Ces fameux dessins sont ceux que, par un caprice assez ordinaire aux peintres, Albert Durer avoit tracés sur un livre de prières : ils sont très expressifs (1).

---

(1) Je trouve dans les *Variétés sérieuses et amusantes de Sablier*, tom. III, pag. 352, que « Charles-Quint fit écrire, « pour une dame, des heures dont toutes les bordures « étoient ornées de figures extravagantes, peintes par le

Dans les *Annales encyclopédiques*, février 1818, il est dit que « M. Rudolph Ackerman a achevé, avec la cinquième livraison, son premier essai de Lithographie. Cet essai contient les quarante-cinq dessins du livre de prières d'Albert-Durer, qui sont de cet artiste (on sait que les autres sont de Luc Kranach): ce livre est à la bibliothèque royale de Munich. M. Bernhart, conservateur de cette bibliothèque, en a fait insérer une notice historique dans le *new Monthly Magasine*, du 1.er octobre 1817. Déjà l'habile lithographe a entrepris de faire un second essai, qui a pour titre : *Ornaments frome the antique* LXXVII, etc., c'est-à-dire soixante et dix-sept ornemens d'après l'antique, à l'usage des architectes.

Musterbuch über alle Lithographische Kunstmanieren, etc. : Modèles de toutes les espèces de gravures lithographiques exécutées par Aloyse Sennfelder, François Gleisner et compagnie, à Munich; publiés par Aloyse Sennfelder. *Munich, 1809, chez l'auteur, gr. in-fol., contenant 10 feuilles de modèles et 3 pages de texte.*

Je ne connois que le premier cahier, formant le quart de cet ouvrage, qui devoit être composé de 40 planches ; j'ignore si les trois derniers cahiers ont paru. L'auteur, dans la préface, indique vingt-quatre manières de lithographier, ou graver sur pierre, dont cet ouvrage doit fournir des modèles :

Ces manières sont :

1.° Imitation de la gravure en bois.

2.° Du dessin fait à la main.

« célèbre Albert-Durer. C'étoient des singes qui se don-
« noient des lavemens et commettoient maintes indécences
« de singe. Il y avoit à la tête deux vers français écrits de
« la main de l'empereur, et qu'il adressoit à la dame en
« question. Ces heures se sont trouvées dans la bibliothèque
« du prince Eugène. »

3.º—5.º De la gravure à l'eau-forte, au burin et au pointillé.

6.º—8.º Des épreuves à l'encre de la Chine, des épreuves coloriées et enluminées à plusieurs planches.

9.º—16.º Epreuves d'écritures de personnages célèbres, de musique, de dessins, de caractères d'imprimerie, de pages imprimées, de gravures, de cartes géographiques, etc., de dessins faits à la craie, à une et à plusieurs planches.

17.º—20.º Epreuves de gravures en taille-douce, à l'eau-forte, à l'aqua-tinta ou à la gouache, et à la manière noire.

21.º—24.º Dessins faits à la plume, à la craie, au trait et au burin.

Les dix feuilles qui composent l'ouvrage annoncé, sont :
1.º Un frontispice imitant la taille-douce.
2.º Dédicace, gravure au burin.
3.º Imitation de la gravure anglaise en bois.
4.º Dessin fait à la main par Raphaël.
5.º Imitation d'une gravure à l'eau-forte.
6.º Dessin de Fra Bartolomeo, enluminé à plusieurs planches.
7.º Ecriture originale de l'abbé Vogler, avec une page de musique gravée sur pierre.
8.º Dessin de Raphaël, copié à la craie.
9.º Dessin en taille-douce.
10.º Plan également en taille douce.

Notice sur l'imprimerie lithographique, et principalement sur les progrès que cet art a faits en Allemagne; par M. Marcel de Serres, inspecteur des arts, sciences et manufactures. Dans les *Annales de chimie*, novembre 1809, tome 72.ᵉ, pag. 202—215.

Cette notice écrite à Vienne en Autriche le 17 octobre 1809, est fort intéressante. L'auteur y donne d'abord une petite notice historique qui m'a fourni de très bons renseignemens; ensuite il passe aux procédés lithographiques, et les expose avec beaucoup de clarté; puis il entre dans des détails assez étendus sur cet objet, parce que, dans les

Annales de chimie, tome 41, p. 309, on n'en trouvoit qu'une très courte description. M. Marcel donne à la Lithographie le nom d'*Imprimerie chimique*.

On peut consulter avantageusement l'ouvrage que ce savant auteur a publié sous le titre d'*Essai sur les arts et les manufactures de l'Empire d'Autriche*. Paris, 1814. 3 vol. in-8.º Cet ouvrage, quoique portant le millésime de 1814, n'a été annoncé dans le *Journal de la Librairie*, qu'en 1817. Il ne faut pas le confondre avec le *Voyage en Autriche*, du même auteur. Paris, 1814. 4 vol. in-8.º Les trois volumes en question sont composés, en grande partie, d'extraits des *Annales des Arts et Manufactures*.

Archives des découvertes et des inventions nouvelles faites dans les sciences, les arts et les manufactures, tant en France, que dans les pays étrangers, pendant les années 1808, 1809, 1810. *Paris, Treuttel et Vurtz*, 1809, 1810 et 1811, 3 *vol. in*-8.º

On trouvera dans le 1.ᵉʳ vol., pag. 287—290, un petit article intitulé : *Polyautographie*, ou *l'Art d'imprimer sur pierre*, dans lequel le rédacteur parle des trois manières de graver sur la pierre préparée ; elles sont très connues ; il attribue l'invention des crayons chimiques à M. Mitter (ou Mitterer) de Munich ; et à M. Charles Strohofer, l'art de graver sur la pierre en creux, art qu'il apporta à Stuttgard en 1807. M. André a introduit la Lithographie à Paris ; on voit quelques-unes de ses gravures dans la nouvelle édition du *Tableau de l'Espagne* par M. Bourgoing, et dans le *Voyage de M. Millin dans le midi de la France*. M. Choron a imprimé sur pierre de la musique très nette et très correcte. M. White a inventé une nouvelle presse pour le tirage ; il a publié, en 1808, un Recueil de tableaux de mécanique appliquée, et d'élémens généraux de machines dont toutes les planches sont exécutées par le procédé polyautographique. M. Wollwiler a publié à Londres une collection de dessins des meilleurs artistes anglais, sous le titre de *Speci-*

mens of Poliautography. Tel est le résumé des objets que renferme l'article tiré du premier volume ; on voit que ce n'est qu'une répétition de ce que nous avons rapporté ci-dessus à l'article *Esprit des Journaux*, etc.

Dans le second volume des *Archives des Découvertes* (année 1809), on donne, pag. 240—244, sous le titre de *Lithographie ou Imprimerie chimique*, une petite analyse de la notice de M. Marcel de Serres, dont nous avons parlé plus haut.

Le troisième volume (année 1810) contient, pag. 229—233, une indication analytique de *Nouveaux Procédés peu connus pour l'impression lithographique sur papier, sur toile, ou sur étoffes*, par le même M. Marcel de Serres. Il est question, à la fin de cette notice, de l'application de la Lithographie à l'impression des toiles et autres étoffes, pour laquelle il seroit peut-être avantageux de se servir de cylindres en pierre. On imprimeroit avec vîtesse et par conséquent avec une très grande économie. M. Marcel de Serres propose à cet effet une machine très ingénieuse dont la description ne peut être entendue sans planches ; mais elle doit se trouver dans un mémoire de ce savant, inséré dans le 109.ᵉ cahier des *Annales des arts et manufactures*. M. Marcel de Serres a fait imprimer à Munich des échantillons sur étoffe, et il les a adressés au Ministre de l'intérieur.

Tels sont les trois morceaux qui se trouvent dans les *Archives des Découvertes*, 1808, 1809 et 1810. Il paroît un volume de ces *archives* tous les ans. Celui de 1818 est le dixième de la collection. Je n'ai eu que les trois premiers à ma disposition.

Das Geheimnis des Steindruks, etc. Le secret de l'Imprimerie lithographique, développé dans toutes ses parties, et décrit d'après l'expérience, par un amateur. *Tubingue, Cotta*, 1810, *gr. in*-4.° *de* 11 *feuilles, avec douze planches.*

On trouve en tête de cet ouvrage un abrégé historique de l'invention de la Lithographie, fait en 1807 par Sennfelder, qui a découvert cet art en 1800. Ensuite l'auteur décrit les procédés :

Il traite, 1.º de la pierre et de sa préparation ;

2.º De l'encre et de la craie (du crayon) chimique ;

3.º De l'application de cette encre aux dessins et à l'impression en caractères ;

4.º De la manière de transporter une écriture faite sur papier, sur la pierre, ou de l'*Autographie*;

5.º De la manière de dessiner avec le crayon chimique ;

6.º De la préparation de la pierre pour la gravure au burin, et du procédé de la gravure ;

7.º De la préparation de la pierre pour imiter la gravure en bois ;

8.º De la manière de faire un beau fond sombre ;

9.º De la presse.

Les douze planches représentent :

1.re Un dessin fait à la craie chimique.

2.e Un autre fait à la craie et à l'encre.

3.e Un autre fait à la plume, avec l'encre chimique.

4.e Un autre, à fond noir, fait à la plume.

5.e Un paysage gravé, 1re épreuve, faite par M. Duttenhofer.

6.e Le même paysage, retouché et augmenté après plusieurs épreuves.

7 et 8.e Epreuves de gravures sur pierre, en différentes manières.

9.e Essai d'une contre-épreuve sur pierre.

10.e Echantillon d'impression en caractères.

11.e Autre échantillon à la manière de la gravure en bois, par Baur.

12.e Deux presses différentes.

Essai sur l'art de graver en pierre, par C.-B. Frye (en anglais); *Londres, Callow*, 1811, in-4.º

Je ne connois que le titre de cet ouvrage. Le volume est mince.

Annuaire de l'industrie française, ou recueil, par

ordre alphabétique, des inventions, découvertes, etc., par M. Thiébaut de Berneaud. *Paris*, 1811, *in*-12.

On trouvera dans ce volume, pag. 194—198, une notice relative à la gravure sur pierre. Le savant auteur dit que c'est en 1801 que cette découverte, due à Aloyse Sennfelder, fut portée en Angleterre ; cela est vrai, mais que c'est en avril 1802, qu'elle fut introduite à Paris par M. François André. Il me semble, d'après les divers auteurs que j'ai consultés, que ce n'est qu'en 1807 que la Lithographie a été portée à Paris par M. André d'Offenbach. M. Thiébaut de Berneaud indique rapidement les procédés lithographiques ; il parle de ceux de M. Mitterer de Munich ; de M. Charles Strohofer, à Stuttgard ; de la composition de l'encre, par M. Nicholson, célèbre chimiste anglais ; des empreintes lithographiques de M. André ; des travaux en ce genre, de M. Choron, de M. Guyot-Desmarais, de M. Jean-Louis Duplat, etc. Cette notice finit par l'indication de la demeure de ces différens artistes à Paris.

Rapport fait à l'Académie des beaux arts par MM. Heurtier, Regnault, Guerin, Desnoyers et Castela, sur la Lithographie, et particulièrement sur un recueil de dessins lithographiés par M. Engelmann. *Paris, janvier,* 1817, *in*-4.° de 28 *pages*.

Ce rapport est très intéressant ; les savans auteurs ne se sont pas bornés à nous tracer rapidement l'histoire de cette découverte ; ils ont rapporté avec beaucoup de détails la série progressive des procédés employés dans la Lithographie ; et ensuite ils ont exposé les services que l'active industrie de M. Engelmann a rendus à cet art. On a donné un bon extrait du rapport en question dans les *Annales encyclopédiques*, janvier 1817, *in*-8.°, pag. 91—113. Cet extrait nous a été fort utile.

Mais dans ce rapport il est dit que « *Malgré les soins et les expériences de M. le comte de Lasteyrie, l'art lithographique seroit peut-être inconnu, si M. Engelmann n'avoit surmonté toutes les difficultés pour le transporter à Paris, et si l'Aca-*

*démie ne s'étoit occupée des moyens propres à propager une
invention qui doit faire époque dans les annales de l'art.* On a
relevé ce passage dans les *annales encyclopédiques*, février
1817. On prétend que M. Charles de Lasteyrie avoit imprimé
le portrait de Henri IV et les lettres autographes de ce prince,
ainsi que d'autres dessins, avant que M. Engelmann eût aucune presse à Paris. A la même époque, M. de Lasteyrie
avoit un établissement lithographique dans la rue du Four-
Saint-Germain. Ses presses qu'il a établies pour le service du
ministre de la police, avoient tiré plus de soixante et dix
mille épreuves lorsque l'Académie des beaux-arts a fait son
rapport, et il avoit produit une quantité assez notable de
dessins dans son propre établissement. Les ouvrages qui
sont sortis des presses de M. Lasteyrie prouvent donc
que la Lithographie seroit connue en France, quand
même M. Engelmann n'eût pas transporté cet art à Paris.
D'ailleurs M. André avoit exécuté des ouvrages très par-
faits en ce genre, bien avant lui (Voyez une inscrip-
tion arabe et quelques inscriptions du moyen âge, gravées à la Lithographie de M. André, dans le *Voyage au
midi de la France*, par M. Millin, *Paris*, 1807-1811, 4 *vol.
in-8.°, et atlas in-4.°*). Dans ce temps-là, M. André a obtenu une médaille qui lui a été décernée par la Société d'encouragement. Les ouvrages sortis des presses de M. Lasteyrie, à la manière du crayon, de la plume et de la gravure,
égalent souvent et surpassent même quelquefois les ouvrages
de Munich. Il a publié une carte de la bataille d'Austerlitz,
qui est un chef-d'œuvre en ce genre. On estime aussi beaucoup son *Recueil de différens genres d'impressions lithographiques*, dont la première livraison a paru en janvier 1817.
Mais l'un des plus beaux morceaux lithographiques que j'aie
vus est une planche représentant deux roitelets qui se becque-
tent, exécutée dernièrement par le même M. Lasteyrie.

Quoi qu'il en soit de la priorité des établissemens formés à
Paris, ou par M. de Lasteyrie, ou par M. Engelmann, il est
certain que l'un et l'autre ont produit de charmans dessins
dans tous les genres, et que l'art a fait de grands progrès par

les soins constans qu'ils donnent à sa perfection, perfection qui tient beaucoup à la nature de l'encre que l'on emploie.

Notice sur la Lithographie ou l'art d'imprimer sur pierre, par M.ʳ....... *Dijon, chez Mairet, papetier, rue Rameau, 1818. In-12 de 57 pages, sur papier fort, avec 5 jolies gravures de différens genres, exécutées d'après les procédés lithographiques dans l'atelier de M. Mairet.*

Cet ouvrage, à peine sorti de la presse, jouit déjà d'un succès qui atteste l'importance de son objet, et le service que rend son auteur au public et aux artistes, en indiquant, avec exactitude et clarté, un ensemble de procédés curieux, dont les inventeurs de la Lithographie avoient cru devoir faire un mystère. On peut d'autant plus compter sur les renseignemens détaillés dans ce volume, que l'auteur n'a rien avancé qu'il n'ait exécuté lui-même, et qu'il n'ait jugé vrai, bon et exact, d'après les résultats satisfaisans qu'il a obtenus. Il peut donc en toute sûreté servir de guide aux artistes et aux amateurs, qui voudront s'occuper de Lithographie. L'ouvrage est divisé en trois parties : la première qu'on peut considérer comme un simple préliminaire, traite de *la théorie* ; la seconde est relative aux différens genres de *gravures lithographiques*, au choix, à la taille et à la préparation de la pierre, à la composition de l'encre et du crayon, etc. ; et la troisième partie regarde *l'impression* ; elle renferme la description de la presse, la préparation du vernis ou huile à broyer les couleurs, etc. etc. Ce volume est orné de cinq gravures, dont quatre offrent des dessins exécutés par différens procédés lithographiques, et la cinquième en taille douce, représente la presse d'imprimerie avec tous ses détails, marqués par des numéros de rappel.

Tout est tellement substantiel dans ce volume, qu'il est impossible d'en donner l'analyse; il faudroit le copier en entier.

Nous terminons ici la seconde partie de notre travail, qui traite de la Bibliographie lithographique. Si nous avons omis involontairement quelques ouvrages intéressans, nous prions le lecteur de nous les faire connoître; nous en parlerons avec reconnoissance, dans un supplément destiné à toutes les additions et corrections que l'on voudra bien nous adresser.

TROISIÈME PARTIE.

NOTICE CHRONOLOGIQUE

De la découverte de différens genres de gravures qui ont plus ou moins de rapport avec la Lithographie.

Quoique parmi les différens procédés lithographiques au moyen desquels on obtient des empreintes ou fac-simile, il n'y en ait qu'un qu'on puisse réellement nommer gravure, puisqu'il n'y en a qu'un qui exige l'incision de la pierre, il n'en est pas moins vrai que ce nouvel art tient à tous les genres de gravures, et permet de les imiter. C'est pourquoi nous nous sommes décidés à insérer ici une petite Notice chronologique de ces différens genres. Nous avions le projet d'y réunir ce qui regarde la Peinture, la Typographie, la Stéréotypie et le Polytypage; mais outre que ces parties n'ont qu'un rapport éloigné avec la Lithographie, les Notices que nous avions préparées sur leur découverte, se sont trouvées si nombreuses, qu'elles n'auroient plus été en harmonie avec le cadre étroit que nous avons adopté. Nous nous bornerons donc simplement à ce qui regarde les différens genres de gravures, nous contentant de donner une note succincte sur la découverte de chaque genre.

Comme le papier est une substance essentielle et commune à toutes les espèces de gravures, on nous permettra de présenter un article préliminaire sur son origine (1).

DÉCOUVERTE DU PAPIER.

Le papier de chiffons dont l'usage est maintenant

---

(1) J'ai donné dans mon *Dictionnaire raisonné de Bibliologie,* Paris, Renouard, 1803-1804, 3 *vol. in* 8.°, des détails sur toutes les matières subjectives de l'écriture, particulièrement sur toutes les espèces de papiers que l'on connoît, entre autres : le papier d'amiante, de bambou, de la Chine, d'écorce, du Japon, de chiffons, de soie, de beaucoup de substances végétales, et enfin de roseau d'Égypte ou papyrus. Quant au parchemin et au vélin, j'en ai publié l'histoire spéciale dans 1 *vol. in*-8.° qui a paru chez M. Renouard, à Paris, en 1810.

si répandu en Europe et dans toutes les parties du monde où les Européens se sont établis, n'a point été connu des anciens, car les *libri lintei* dont parlent Tite-Live et Pline, n'étoient autre chose que des morceaux de toile préparés pour recevoir l'écriture, comme les peintres en préparent pour recevoir un tableau. Mais quand et où ce papier a-t-il été découvert ? Les savans ne s'accordent nullement sur la solution de ces questions. On est assez d'avis qu'il a succédé au papier de coton (*charta bombycina*) dont Montfaucon fait remonter l'origine au neuvième siècle, à peu près. Mais on ne connoît pas plus l'inventeur du papier de coton que l'inventeur du papier de chiffons; le père Mabillon pense que c'est dans le douzième siècle que le papier de chiffons a été découvert. Polydore Virgile (*de inventoribus rerum*, lib. II, c. 8) avoue son ignorance sur cette origine; Scaliger en attribue l'honneur aux Allemands, le comte Maffei, aux Italiens; d'autres à quelques Grecs réfugiés à Bâle. Le père du Halde croit que cette invention vient des Chinois qui font usage du papier de bambou depuis 2000 ans. Le docteur Prideaux présume que ce sont les Sarrazins d'Espagne, qui les premiers ont apporté d'Orient cette invention en Europe. Cette variété d'opinions ne fait qu'épaissir le voile qui couvre l'origine de ce papier. Il faut donc s'en rapporter aux premiers monumens écrits sur cette substance et portant date; si cela ne fixe pas précisément l'époque de la découverte, du moins on s'en rapproche en voyant le temps où ce papier étoit déjà en usage. Le plus ancien document que l'on connoisse écrit sur papier de chiffons est, dit-on, un titre muni de ses sceaux, daté de 1239, et signé Adolphe, comte de Schaumbourg. Cette pièce appartenoit à M. Pestel, professeur à l'université de Rinteln.

Avant la découverte de ce monument, on n'en citoit aucuns qui fussent antérieurs au quatorzième siècle. Les plus anciens étoient des titres de la bibliothèque Cottonienne, en Angleterre, qui remontoient jusqu'à 1335. Mais il paroît que le papier de linge étoit déjà commun dans ce temps, puisque feu M. Camus, dans son voyage en Belgique, a trouvé, à Bruges, de gros volumes du quatorzième siècle, contenant les comptes de la ville sur papier. Le plus ancien porte la date de 1367; son papier est à la marque de la hache; celui de 1368, à celle du griffon; celui de 1396, partie des feuilles à la tête de bœuf, et partie au griffon. C'est une preuve qu'on a eu raison de soutenir que la marque de la tête de bœuf n'est pas le caractère essentiel d'une édition du premier âge de l'imprimerie, puisqu'il y avoit long-temps auparavant du papier à la hache, au griffon et même au cornet.

De tout ce que nous venons d'exposer, il résulte que, sans avoir aucune certitude sur l'origine du papier de chiffons, on peut avec Mabillon, la faire remonter au douzième siècle.

Quant aux papeteries, elles n'ont été établies en France que sous Philippe-de-Valois, vers 1340. Les premières usines furent celles de Troyes et d'Essonne. On tiroit avant cette époque le papier de la Lombardie.

La fabrication du papier vélin est très moderne. On peut en attribuer l'invention au célèbre imprimeur de Birmingham, Baskerville, puisque dans sa première édition de *Virgile*, de 1757, on trouve des feuilles de papier vélin depuis la page 17 (ou 25 dans quelques exemplaires), jusqu'à la page 223 exclusivement. Sans doute l'inventeur ne donnoit pas grande importance à cette découverte puisqu'on n'en parla pas. En France, M. de Montgolfier fit quelques essais en 1779, pour fabriquer du papier vélin; mais il ne les continua pas. En 1780, MM. Johannot, père et fils, sur les instances de M. Pierre Didot, tentèrent de nouveaux essais, et à la fin de juin de cette même année, ils lui envoyèrent quelques mains d'essai de ce nouveau papier, auquel M. Didot donna le nom de *papier vélin* pour le distinguer des autres. Il imprima en 1781, ou au commencement de 1782, pour essai de ses nouveaux caractères et de ce papier, un conte allégorique extrait des œuvres de madame de Montesson, dont il fit deux éditions *in*-4.°; et quelques mois après, c'est-à-dire en 1782, il imprima, sur le même papier et du même format, un extrait du poème des *Jardins* qu'il eut l'honneur de présenter à Monseigneur le comte d'Artois. Dans le courant de 1782, M. Réveillon fabriqua de son côté du papier vélin, et prétendit au titre d'inventeur de cette nouvelle découverte. Les détails que nous venons de donner, prouvent qu'en 1779, MM. Montgolfier ont fait des essais infructueux; qu'en 1780, MM. Johannot ont réussi, et qu'en 1781 ou 82, M. Réveillon a aussi obtenu d'heureux résultats. L'antériorité appartenoit donc à MM. Montgolfier et Johannot ; aussi ont-ils obtenu une médaille du Gouvernement.

Si je me suis un peu étendu sur l'origine du papier vélin, c'est qu'il paroît le plus propre au tirage des gravures. Passons à la découverte de leurs différens genres.

GRAVURE EN BOIS.

On fait remonter ce genre de gravure jusqu'au temps où l'on a commencé à fabriquer des cartes à jouer : or, comme un roman intitulé *Renard le contrefait*, écrit en 1341, fait mention des cartes, dans ces deux vers :

> Jouent aux dez, aux *cartes*, aux tables, (*damiers*)
> Qui à Dieu ne sont délectables.

on peut croire, et il paroît certain, que la fabrique des cartes est bien antérieure à la composition de ce roman. Cela est d'autant plus présumable, que dans un ancien manuscrit italien, de 1299, cité par Tiraboschi dans son *Istoria della litteratura italiana*, de 1776, tome VI, partie II, page 402, il est question des cartes à jouer. Il est vrai que c'est là qu'il en est fait mention pour la première fois. Nous ne parlons ici de ces cartes, que parce que leur fabrication primitive a conduit à la découverte de la gravure en bois, et étoit sans doute elle-même une gravure de ce genre, mais très grossière.

1423. La première estampe connue jusqu'ici, qui a été tirée sur le bois, est un *Saint Christophe* portant l'Enfant Jésus. Elle est de 1423. On parle bien d'une *Sainte Brigitte*, qui est sans doute antérieure au Saint Christophe ; mais comme elle ne porte pas de date, on est obligé de s'en tenir à des conjectures.

Je ne sais si l'on peut beaucoup ajouter foi à ce que raconte Papillon dans son *Traité de la gravure en bois*, Paris, 1766, 3 *vol. in-8°.*, tom. 1, pp. 83-92; il y parle de gravures en bois, exécutées sous le titre des *chevaleureux faits en figures*, par le chevalier Alexandre-Alberic Cunio, et par Isabelle Cunio, frère et sœur jumeaux, qui existoient vers la fin du XIIIe. siècle, sous le Pontificat d'Honorius IV, à qui ces gravures furent dédiées et présentées. Elles offrent les principaux faits de la vie d'Alexandre, et sont toutes souscrites, les unes par *Isabel. Cunio*, les autres par *Alex. Alb. Cunio equ.*, et quelques-unes par les deux. Papillon, qui a vu ces gravures, dit que les fonds ou grands champs, mal vidés à quelques endroits, ayant reçu la couleur (bleu d'inde) ont barbouillé le papier, lequel est un peu bis ; ce qui a fait écrire en marge sans doute par les graveurs eux-mêmes : *Il faut creuser davantage le fond des tables, afin que le papier n'y touche plus en le marquant.* (Ces mots sont traduits d'un mauvais latin ou italien ancien.) Papillon ajoute que l'impression est un peu neigeuse ou grise, comme si le papier n'eût pas été mouillé ou humide pour la faire. Les figures passablement dessinées, quoique de goût demi-gothique, sont assez bien caractérisées et drapées. Papillon présume que ce précieux monument de la gravure en bois a été fait dans les années 1284 et 1285, parce que le Pape Honorius à qui il est dédié, a régné depuis le 2 avril 1285 au 3 avril 1287 (1).

Il est certain que ces gravures seroient antérieures à toutes celles que l'on connoît; mais le bon Papillon, connu avantageusement comme graveur en bois, a si peu de goût et de critique comme écrivain, qu'il faut vérifier toutes ses assertions historiques ; et c'est ce que je n'ai pas le temps de faire en ce moment.

GRAVURE AU BURIN OU SUR MÉTAL.

1422. Rien n'est plus incertain que la date précise de la découverte de l'art de graver au burin sur métal (cuivre ou étain), pour ensuite tirer, sur le papier ou sur le parchemin, des empreintes de l'objet gravé. La plus ancienne estampe de ce genre, étoit, avant 1817, une *Assomption de la Vierge*, (qui a été gravée sur une plaque d'argent servant de *paix*, par Maso Finiguerra, en 1452, pour l'église de Saint-Jean, à Florence,) dont l'abbé Zani a trouvé une épreuve unique dans le cabinet des estampes de la bibliothèque royale de France, et dont il a donné un excellent *fac simile* dans ses *Materiali per la storia dell incisione in rame*, Roma, 1812, in-8.º

La seconde estampe qui passoit pour la plus ancienne, étoit un *Ecce homo*, sous la date de 1455, avec la marque d'un W. Mais Sandrart est le seul qui la cite, et on révoque en doute l'existence de cette estampe.

---

(1) Voyez notre *Précis historique et analytique des pragmatiques, concordats, etc.* Paris, Renouard, 1817, in-8.º, pag. 110 et 111.

Ces deux gravures, à supposer que la seconde existe, cèdent le pas à une qui leur est bien antérieure, et que M. Fischer a découverte dernièrement à Moscou, dans un ancien manuscrit qui, par le papier et l'écriture, est parfaitement conforme à la date de 1422 que porte cette gravure. Elle représente un prêtre prosterné devant un autel avec ses acolytes. On en a donné le *fac simile* dans les *Annales encyclopédiques,* juin, 1817, pag. 269. A ce *fac simile*, est jointe une *Notice* de cette gravure, *qui est dans la bibliothèque de M. le comte Alexis Razumowski, à Moscou, par M. A. Got. Fischer, avec des notes et des observations de M. Millin* : pp. 269-280. On voit au bas de cette estampe une ligne d'écriture gothique, et gravée, avec des abréviations ainsi qu'il suit :

AO | 1422O⁖ DNĪ : ET 14O∴ DIE S.

ce qui veut dire : ANNO 1422° DOMINI ET 14° DIE SEPTEMBRIS. Cette date me paroît certaine, à cause de la ressemblance des chiffres gravés, avec ceux dont on se servoit au commencement du quinzième siècle. Les deux derniers chiffres de 1422, ont la forme de deux Z. Cependant M. Millin croit qu'il y a erreur, et prétend qu'il faut lire 1499 au lieu de 1422 ; et il se fonde sur ce que le style de cette gravure la rapproche plus du seizième que du quinzième siècle.

Nous ne nous permettrons pas de décider cette question ; mais nous penchons pour l'opinion de M. Fischer. Ainsi la gravure en taille douce dont on plaçoit ordinairement l'origine vers 1440, seroit de 1422.

Papillon dit, page 93 du 1.er tom. de son *Traité de la gravure en bois*, « Suivant un auteur Anglais, André de Murano gravoit déjà en cuivre en 1412, et sans doute en bois avant cette année-là. » Je n'ai pas besoin de répéter ici ce que j'ai avancé dans l'article précédent à l'occasion de Papillon dont les recherches sont peu profondes, très incertaines et n'inspirent par conséquent aucune confiance.

Je ne m'étendrai pas davantage sur l'origine de la gravure au burin ; j'ai cité les estampes qui passent pour les plus anciennes connues ; je renvoie pour le surplus à mes *Amusemens philologiques*; Paris, 1808, in-8°. On y trouvera plus de détails sur cet objet à l'article *gravure au burin*, p. 331-32. J'y parle aussi des autres genres de gravures, pp. 331-338 ; mais ces renseignemens ne sont pas tout-à-fait les mêmes que ceux que je donne dans la présente notice.

GRAVURE EN TAILLE DE BOIS EN CAMAÏEU, OU EN CLAIR OBSCUR.

Vers 1500. Ce genre de gravure qui se fait au moyen de deux, trois ou quatre planches portant différentes couleurs pour le même sujet, est dû, selon Papillon, à l'impression des lettres capitales en trois couleurs qui ornent le *Psautier* que Schœffer imprima en 1457.

M. Fischer a donné le calque de plusieurs de ces caractères initiaux appartenant à des monumens typographiques qui précèdent 1457 : voyez la planche, page 74 de son *Essai sur les monumens typographiques de Jean Gutenberg*, Mayence, an X, *in-4.°* Cette planche a pour titre : *Characteres initiales auspiciis*

Johannis Gutenberg sculpti; et les grandes lettres décorées et à deux couleurs qu'elle renferme sont un J, un P, un O, deux C et un E. M. Fischer dit : « A l'inspection du C, on reconnoît qu'on s'est servi de deux formes, l'une pour imprimer la lettre, et l'autre pour les décorations. Ces dernières sont rouges quand les lettres sont bleues, et bleues quand les lettres sont rouges.... Dans l'un des deux C que j'ai fait graver, on verra que la planche de la lettre ne s'est pas toujours exactement rapportée à celle de la décoration, ce qui a causé un léger déplacement, etc. »

Il est donc certain que l'origine de la gravure sur bois en camaïeu, est antérieure aux premiers monumens typographiques et doit dater au moins du commencement du quinzième siècle. Cependant la première estampe de ce genre que l'on connoisse, a été exécutée par Lucas Kranach, et porte la date de 1500. On en possède encore une de 1504, une autre de Hans Burgkmayer, de 1508, et plusieurs d'Albert-Durer. Cela détruit l'opinion de ceux qui attribuoient cette découverte à Mazzuoli, dit le Parmesan, né en 1504, et mort en 1541; ou à Ugo da Carpi, qui étoit son contemporain.

Gravure a l'eau-forte.

1515. Sandrart et de Murr assurent qu'Albert-Durer a découvert la Gravure à l'eau-forte en 1515; et les Italiens prétendent que c'est le Parmesan qui, le premier, fit vers 1530, ces sortes d'estampes. Ce qu'il y a de certain, c'est qu'on ne connoît pas précisément la date de l'origine de ce genre de gravure, car les eaux-fortes exécutées du temps d'Albert-Durer, sont si belles, qu'elles supposent des essais antérieurs, et il faut croire que cette origine se rapproche beaucoup de celle de la gravure en taille-douce.

GRAVURE DE LA MUSIQUE.

1525. La première impression de la musique est due à la typographie. Pierre Hautin, graveur, fondeur et imprimeur à Paris, en fit les premiers poinçons en 1525. Les notes et les filets, portées ou lignes étoient gravés sur le même poinçon, et s'imprimoient en une seule fois. En 1554, le célèbre Le Bé grava des caractères de musique, propres à être imprimés à deux fois; mais ce ne fut qu'un essai qu'on abandonna aussitôt. On ne sait pas au juste quelle est l'origine de la musique gravée sur planches d'étain et sur planches de cuivre; elle doit être postérieure à celle des caractères typographiques. Il n'y auroit rien de surprenant que l'invention de ces derniers eût été précédée de gravures sur planches de bois. En 1746, M. Keblin a imaginé de nouveaux caractères de musique, préférables aux précédens. En 1755, M. Breitkopf, célèbre imprimeur de Leipsik, a renouvellé les caractères mobiles avec beaucoup de succès. En 1762, M. Fournier jeune a singulièrement perfectionné cette partie; il en est de même de M. Gando, en 1765. Depuis le dix-neuvième siècle, M. Olivier, fondeur à Paris, a donné de très beaux caractères pour l'impression de la musique; enfin M. Reinhard de Strasbourg a obtenu un brevet d'invention pour l'impression stéréotype de la musique. Telles sont les différens progrès qu'a faits l'art de graver la musique; la Lithographie peut réunir tous les avantages de ces différens procédés, et éviter quelques inconvéniens que l'on a reconnus à chacun d'eux.

GRAVURE EN MANIÈRE NOIRE.

1643. On en doit la découverte au lieutenant-colonel de Siegen, qui, le premier, en 1643, grava en ce genre le portrait d'Elisabeth, Landgrave de Hesse; on en voit une belle épreuve au cabinet des Estampes, à Paris. De Siegen communiqua son procédé au prince Robert de Bavière, amiral d'Angleterre, qui de retour à Londres, y exécuta quelques sujets vers 1660. Dès-lors les Anglais ont tellement excellé dans ce genre, qu'on l'a appelé *La Manière anglaise*. Un artiste disoit avec assez de raison qu'en nommant ce genre de gravure *La Manière noire*, c'étoit le désigner par son défaut capital.

GRAVURE AU POINTILLÉ.

1650. On prétend que ce genre de gravure a été d'abord connu à Amsterdam, vers 1650, et qu'un nommé Lutma, orfévre et dessinateur de cette ville, a gravé de cette manière quatre portraits en bustes antiques, qui sont estimés et fort rares. M. Jansen, dans son *Essai sur l'origine de la Gravure*, 1808, 2 vol. *in-*8.°, *fig.*, t. 1, p. 37, fait une distinction entre la *Gravure en points* et *le pointillé*; il indique briévement les procédés de chaque manière, qui cependant paroissent tendre au même résultat. Il appelle la gravure en points, *Gravure au maillet (opus mallei)*, parce qu'après avoir gravé à l'eau-forte, on raccorde ensuite avec le ciselet, au lieu du burin, en se servant du maillet ; au lieu que dans le *pointillé* on raccorde avec le burin.

GRAVURE EN MANIÈRE DE LAVIS, OU AQUA-TINTA.

1660. Hercule Zegers, peintre d'Utrecht, a découvert ce genre en 1660. Jean Le Prince, né à Metz en 1733, mort en 1781, a poussé le procédé du lavis au plus haut degré de perfection.

L'aquarelle, genre de gravure qui se rapproche beaucoup du lavis, a été inventé vers 1700 par Jacques Christophe Leblond, né à Francfort-sur-le-Mein en 1670, et mort en 1741. Il grava de cette manière les portraits de Louis XV, du cardinal de Fleury et de Van-Dick, ainsi que des planches d'anatomie. Il a donné à Londres, un Traité en français et en Anglais sur la *Manière de graver en couleur,* in-8.°. Janinet, Dubucourt et Descourtis ont excellé dans ce genre. Il en est de même de Ploos Van Amstel, et Edouard Dagotti.

GRAVURE EN FAC SIMILE.

1753. Ce genre de gravure qui consiste à imiter parfaitement l'écriture d'un manuscrit, n'est pas nouveau. Depuis long-temps on connoît des calques d'écritures du moyen âge dont sont enrichis les ouvrages sur la diplomatique. Ce n'est pas de ces sortes d'écritures dont nous voulons parler ici, mais de l'écriture moderne courante, et surtout de celle des grands hommes, dont on a multiplié dans ces derniers temps les calques, pour orner, soit les éditions de leurs œuvres, soit les ouvrages où il est question d'eux. J'ai fait des recherches à cet égard (1); le plus ancien calque ou *fac simile* gravé dans ce genre, que j'ai découvert, date de 1753; ce sont les fameux *couplets* attribués à J.-B. Rousseau, et qui ont empoisonné la moitié de sa vie. Si je parle ici de ce genre de gravure, qui, je crois, n'a aucun procédé particulier, c'est qu'il est, et deviendra encore davantage, l'une des branches les plus essentielles de la lithographie.

GRAVURE EN MANIÈRE DE CRAYON.

1756. Ce genre fut inventé à Paris, en 1756, par François, graveur Lorrain. Il fut si promptement imité et perfectionné par Desmarteau, Magny et Gonord, que tous les quatre s'en attribuent la découverte. Mais M. Jansen dit dans son *Essai sur l'origine de la gravure*, que « c'est à Jean-Charles François, dessinateur et graveur, mort en 1769, que l'on doit la *gravure dans le goût du crayon*, qu'il poussa à une grande perfection. Cet artiste a inséré à la fin du premier volume des *Portraits des philosophes* de Savérien, une lettre sur les procédés

---

(1) Mon travail a pour titre : *Recherches littéraires, historiques et bibliographiques sur les* FAC SIMILE, *calques ou copies figurées de l'écriture de plus de cinq cents personnages célèbres, représentée trait pour trait par le moyen de la gravure ; avec une dissertation sur la chirographie, la liste des ouvrages qui renferment des* fac simile, *une notice des personnages dont on a calqué l'écriture, et une copie exacte quant à l'orthographe de la plupart des lettres ou fragmens d'écriture autographe, qui ont été calqués*. Ce manuscrit pourroit former un volume *in*-8º.

de son art, et ce fut Magny, qui, dès 1756 même, imagina les outils d'acier pour imiter les dessins au crayon noir et à la sanguine. »

GRAVURE AU PINCEAU.

1773. Cette manière de graver est due à M. Stapart, qui a publié une brochure intitulée : *l'Art de graver au pinceau;* 1773, in-12. Cette méthode indique les procédés pour rendre les demi-teintes, depuis la plus légère jusqu'à la plus foncée, et pour les fondre imperceptiblement les unes dans les autres.

Gravure sur pierre ou Lithographie.

1800. Ce nouveau genre de gravure étant l'objet de la notice historique qui est en tête de cet opuscule, nous nous bornerons à répéter qu'il a été découvert en 1800, à Munich, par M. Sennfelder, et nous ajouterons que toutes les personnes dont nous avons fait mention dans la présente notice, comme ayant coopéré à la propagation et aux progrès rapides de cette utile découverte, tiendront toujours une place distinguée dans l'histoire du berceau de ce nouvel art.

Gravure en taille-douce tirée a la presse d'imprimerie.

1806. Mr F. Didot, savant imprimeur, a inséré dans sa traduction des *Bucoliques de Virgile,* Paris, 1806, in-8°. p. 263, une vignette en taille-douce, représentant le symbole typographique adopté par Robert et Henri Etienne ; et il a ajouté au bas, « N. B. *La planche qui est sous les yeux du lecteur est gravée en taille-douce, et je l'ai imprimée sous la presse typographique en même temps que le texte.* »

C'est aussi dans ce volume que l'on trouve le premier caractère appelé *Anglaise*, dont les ligatures et les traits offroient tant de difficultés à la fonte, et que M. Firmin Didot a exécuté d'une manière si heureuse. L'épître dédicatoire à M. Pierre Didot, frère de l'auteur, est composée de neuf pages en caractère *Anglaise*, et datée du 30 avril 1806.

Je termine ici la notice chronologique sur la découverte des principaux genres de gravure. J'ai donné plus de détails sur chaque objet dans mes *Amusemens philologiques* et dans mon *Dictionnaire raisonné de bibliologie*. Mais ici j'ai été obligé de me restreindre au cadre que j'ai adopté, ne voulant qu'indiquer la date des différentes découvertes qui avoient quelques rapports avec celle de la Lithographie.

FIN.

TABLE.

PRÉLIMINAIRE. *De la nécessité de recueillir les découvertes importantes.* . . . . Pag. 5

PREMIÈRE PARTIE.

Précis sur la découverte et les progrès de la Lithographie 17
De la pierre lithographique. 28

SECONDE PARTIE.

Notice bibliographique des ouvrages ou fragmens d'ouvrages qui ont été publiés sur la Lithographie 30

TROISIÈME PARTIE.

Notice chronologique de la découverte de différens genres de gravures, qui ont plus ou moins de rapport avec la Lithographie. . . 42
Découverte du papier de chiffons. 43
Découverte du papier vélin 46
Gravure en bois 47
Gravure au burin ou sur métal. 49
Gravure en taille de bois en camaïeu ou en clair obscur 51
Gravure à l'eau-forte 52
Gravure de la musique 53
Gravure en manière noire 54

Gravure au pointillé . . . . pag. 54
Gravure en manière de lavis ou aqua-tinta, 55
Gravure en fac simile 55
Gravure en manière de crayon. 56
Gravure au pinceau 57
Gravure sur pierre ou Lithographie 57
Gravure en taille-douce tirée à la presse d'imprimerie 57

FIN DE LA TABLE.

EXPLICATION DE LA PLANCHE.

Cette gravure, d'un seul tirage, et exécutée d'après les procédés lithographiques de M. Mairet, dans son atelier, représente les quatre genres de dessin.

1.º Dessin au crayon.
2.º Dessin à la plume.
3.º Dessin à la pointe.
4.º Dessin aux deux crayons.

www.ingramcontent.com/pod-product-compliance
Lightning Source LLC
Chambersburg PA
CBHW030051230526
45471CB00003B/1039